Una sonrisa maravillosa

Rosa Serra Sala

Número de Control de la Biblioteca del Congreso de EE. UU.: 2019902713
ISBN: Tapa Blanda 978-1-5065-2839-7
Libro Electrónico 978-1-5065-2840-3

Información de la imprenta disponible en la última página

Fecha de revisión: 18/03/2019

Autora de textos, fotos y diseño gráfico: Rosa Serra
Ilustración de la dedicatoria: Gala Pont
Foto de Tiovivo: Carme Ballús
Asesoría lingüística: Dolors Taulats

Para realizar pedidos de este libro, contacte con:
Palibrio LLC
1663 Liberty Drive
Suite 200
Bloomington, IN 47403
Gratis desde EE. UU. al 877.407.5847
Gratis desde México al 01.800.288.2243
Gratis desde España al 900.866.949
Desde otro país al +1.812.671.9757
Fax: 01.812.355.1576
ventas@palibrio.com

PARA ELENA
ALEGRE Y FELIZ.
SONRISA MARAVILLOSA.
FLOR DE INFANCIA.

PAPÁ Y MAMÁ ANDAN ATAREADÍSIMOS EN CASA.

ESTÁN PREPARANDO LAS VACACIONES.

ELENA DA PALMADAS, CONTENTA.

VIAJE

BAÑADOR, CHANCLAS,

PATOS, GAFOTAS, TOALLAS…

¡VACACIONES!

—CIELO, NO ANDES TRASTEANDO CON LOS JUGUETES —DICE MAMÁ.

—CUANDO LLEGUEMOS A LA CASITA DEL MAR, DESPUÉS SÍ —DICE PAPÁ.

EN LA BOLSA

RASTRILLO, PALA,

CUBO Y REGADERA.

HISTORIAS SINFÍN.

YA HEMOS LLEGADO. PAPÁ Y MAMÁ CARGAN CON LA BOLSA DE LA PLAYA.

— ¡MIRA, ELENA! ¡EL MAR!

ELENA SE TAPA LA BOQUITA CON LAS DOS MANOS Y TIENE LOS OJOS BIEN ABIERTOS.

DELANTE HAY UN AZUL MUY GRANDE.

SE ACERCAN A LA ORILLA.

¡UY!, MENUDA LA QUE VIENE.

SORPRESA

OLAS QUE LAMEN

LOS DEDITOS DE LOS PIES:

MI PRIMER BAÑO.

ELENA SE MECE, TOMADA DE LAS MANOS DE SUS PAPÁS.

EL CIELO ES AZUL, LIMPIO Y CLARO.

EL SOL BRILLA BLANCO Y RELUCIENTE.

ENTRE PAPÁ Y MAMÁ, UNA BRISA CELESTE.

MI NIÑA

AZUL SALADO

ENTRE OLAS. DOS CIELOS

Y, EN MEDIO…, TÚ.

DICE MAMÁ:

—SE VA EL GORRITO, VUELA.

ELENA, SORPRENDIDA, SE PONE LAS MANITAS EN LA CABEZA:

—MAMÁ, GODO, *SE VA.*

EL MAR ACARICIA SUS MEJILLAS SUAVES.

BRISA

EL MAR OLEA,

ONDEAN LAS SOMBRILLAS.

DÍAS DE PLAYA.

—PAPÁ, MÁS AGUA, CUBO LLENO, ¡UY!

PAPÁ LLENA CUBOS Y, EN LA ARENA, DESAPARECEN.

ENTONCES PRUEBAN A LLENARLOS CON ARENA Y SALE UN FLAN

Y OTRO.

POCO A POCO, SE ALZAN Y DERRUMBAN.

AL ATAQUE

CASTILLOS, PUENTES.

MURALLAS DE ARENA.

¡VIENEN PIRATAS!

¡QUÉ ATREVIDOS SON LOS BUZOS! ENTRAN EN EL MAR Y YA NO SE VEN.

HAN DESAPARECIDO BAJO EL AGUA. AL CABO DE UN RATO, SALEN LOS TRES.

UNO LLEVA ALGO EN LA MANO QUE SE ENROSCA EN EL BRAZO.

—MEDO —*DICE ELENA*—, *Y SE ABRAZA A PAPÁ.*

— *¿PICA? —PREGUNTA.*

PESCADOR

SACAN UN PULPO.

¡QUÉ RISA!, ¡QUÉ SUSTO!

GENEROSA MAR.

EL CIELO GRIS Y NUBES GRANDES.

NO HACE SOL.

ELENA SE TAPA LOS OÍDOS:

—¡MEDO!

PAPÁ LA COGE EN BRAZOS. VUELVEN A CASA BAJO EL PARAGUAS:

—NO ES NADA, CARIÑO. YA CASI PASÓ.

TORMENTA

ZIS, ZAS, UN RAYO.

BRRRRUUUUUMMMM, TRUENA, LLUEVE.

LLORA EL CIELO.

EL CIELO SE VISTE DE FIESTA.

—BONITO, MAMÁ —DICE ELENA, SONRIENTE.

ALZA LOS BRACITOS, QUERIENDO COGERLO,

COMO SI FUERA UN CARAMELO.

ARCO IRIS

LUZ DE COLORES.

CALMA ENTRE EL TEMPORAL.

LLUVIA Y PAZ.

MÁS ALLÁ, EN UN BALDE CON AGUA,

DESCANSAN LAS PORCIONES DE COCO,

MUY BLANCO.

FRUTA DE NIEVE.

TROPICAL

UN COCO BLANCO.

COPO DE DIENTE Y AGUA:

CRUJIENTE DULZOR.

—¡UY!, ¡VIENTO!

ENTRA UN POCO DE ARENILLA EN LOS OJOS.

EN EL MAR, TODO SE MUEVE, TODO DANZA.

VUELO

VELAS AL VIENTO.

ALAS DE GAVIOTA

SURCAN EL AZUL.

MEDIODÍA EN EL CHIRINGUITO.

CALOR DE VERANO.

BEBIDAS FRESCAS Y RICOS PLATOS.

¡A COMEEERRR!

AROS DORADOS

Paella, mejillones.

¡FELIZ DOMINGO!

— ¿PELOTA?

—NO, CARIÑO.

— ¡QUÉ BONITA Y FRESCA!

POSTRE

SANDÍA BRILLANTE.

DE PULPA ROJA Y AGUA:

LUNITAS NEGRAS.

QUIOSCO DE LOS HELADOS

CON SU TEJADITO A RAYAS AZULES, BLANCAS Y ROJAS.

TAN LIMPIO SIEMPRE.

¡AL RIIIIIICO HELADO!

BESOS DE FRESA

DULCE DE LECHE,

CHOCOLATE Y TURRÓN.

— ¡CUCURUCUCHOS!

¡AL AGUA, PATOS!

FLOTADOR AZUL DE MI INFANCIA.

COMO UNA SIRENITA, ELENA BAILA EN EL AZUL.

PISCINA

JUEGOS DE AGUA

EN EL AZUL CELESTE.

ZAMBULLIDA, BOMBA.

LLEGA LA TARDE,

PAPÁ, MAMÁ Y ELENA SE TIENDEN EN SUS HAMACAS.

NO TARDA EL SUEÑO.

SIESTA

SUEÑO DE SOL.

SONRISA DE LA TARDE.

DESPUÉS... MERIENDA.

PARQUE DE AGUA.

AL AGUA, AL AGUA…

— ¡BONITO!

ELENA DA PALMADAS EN EL AIRE.

¡ATRACCIÓN!

CARA Y COLA

EL DELFÍN SALTA, CHILLA.

¡CÓMO SONRÍE!

PASEO DE TARDE ENTRE LOS TENDERETES PARA TURISTAS:

COLLARES, BRAZALETES.

ABALORIOS.

SOUVENIR

¿OYES LAS OLAS?

TODO ES UN SUEÑO:

SIRENA Y CARACOL.

—PATÍN, PAPÁ.

—PATÍN, MAMÁ.

—SÍ, SÍ.

AL GALOPE

AL TROTE PATÍN.

EMPUJA LA RUEDA,

JINETE VELOZ.

MIRA, VUELAN PALOMAS… OLAS.

TOMAD PAN Y MIGAS… AMIGAS.

PLAZA

PALOMAS GOLOSAS

DEL PAN DE LOS NIÑOS.

AQUÍ UNAS MIGAJAS.

A LA FERIA.

SON LAS FIESTAS.

A LA RUEDA, RUEDA,

GIRA Y GIRA.

TIOVIVO

RUEDA Y NO HUYE,

CABALLITO DE FERIA.

ALEGRÍA SINFÍN.

PATÍN, ME CAIGO.

HOY BICI, BICI, MAMÁ…

RING, RING

BICICLO, PEDAL:

— ¡QUE VENGO, QUE PASO!

BRISA EN EL ROSTRO.

UNA Y UNA

UNA Y DOS.

SON NUBES BLANCAS,

Y ROSADAS TAMBIÉN.

DULCE

NUBE DE AZÚCAR.

HEBRAS DE CARAMELO,

RUEDA LA RUECA.

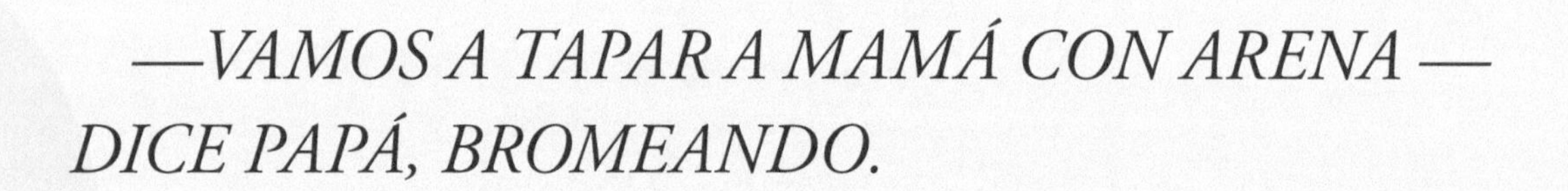

—VAMOS A TAPAR A MAMÁ CON ARENA —DICE PAPÁ, BROMEANDO.

— ¡UY!, DEDO GODDO!

—AL AGUA, PATOS —DICE MAMÁ, SONRIENDO.

—PATOS, NO. ES PAPÁ.

MAMÁ MIRA LA LUNA Y SONRÍE.

PLAYA

OLÉ, UN DIBUJO

EN LA ARENA. LLENA

DE SOL Y DE SAL.

A FERIA, FERIA, A LA FERIA VAMOS.

PAPÁ LEVANTA A ELENA Y LA MONTA SOBRE SUS ESPALDAS PARA QUE VEA LAS ATRACCIONES.

ELENA SE PONE MUY CONTENTA.

DE PRONTO, QUIERE BAJAR PARA COGER UN CARAMELO GRANDE COMO UNA PELOTA ROJA.

RICA

MANZANA ROJA.

CARAMELO EN POMPA.

BOLA DE FERIA.

FLORES EN EL CIELO.

EN EL CIELO OSCURO,

FLORES.

CASTILLO DE FUEGOS ARTIFICIALES

PALMERAS DE LUZ.

ESTRELLAS, LAZOS, GLOBOS.

¡PUM, PAM, RATAPLÁN!

PALOMITAS VELOCES.

SUEÑOS

QUE VUELAN

EN EL CIELO

Y SOBRE EL MAR.

SAN LORENZO

LAGRIMITAS BLANCAS

DE AGOSTO. FUGACES,

CRUZAN EL CIELO.

—¿QUIERES VER LA LUNA DESDE EL BALCÓN?
—DICE MAMÁ.

—SÍ. BILLA.

—A LA CAMITA YA.

—...EEENGA.

—LA LUNA TE CANTARÁ.

CANCIÓN DE CUNA

LUNA, LUNERA,

CASCABELERA… VELA.

VELA TU SUEÑO.

VOLVEMOS A CASA.

MALETONES

Y EQUIPAJES.

ELENA MIRA SU BOLSA.

—¡TESODILLOS MÍOS!

TESORILLOS

PIEDRECITAS,

CONCHAS ENTRE LOS DEDOS.

CARACOLILLOS.

EPÍLOGO

CON TESOROS DEL MAR

SE CIERRA ESTE LIBRO DE VERANO:

DE SIESTA Y SANDÍA.

DE SOL Y DE SOMBRA.

DE DÍA Y DE NOCHE,

Y TERNURA

INFINITA.

Printed in the United States
By Bookmasters